Créeme, ¡RICITOS ES GENIAL!

El cuento de LOS TRES OSOS

contado por BEBÉ OSO

por Nancy Loewen

ilustrado por Tatevik Avakyan

PICTURE WINDOW BOOKS
a capstone imprint

Un agradecimiento especial a nuestra asesora, Terry Fleherty, PhD, profesora de inglés,
Universidad Estatal de Minnesota, Mankato, por su sabiduría.

Editora: Jill Kalz
Diseñadora: Lori Bye
Director de arte: Nathan Gassman
Especialista en producción: Sarah Bennett
Las ilustraciones de este libro se crearon digitalmente.
Translated into the Spanish language by Aparicio Publishing

Picture Window Books
1710 Roe Crest Drive
North Mankato, MN 56003
www.capstonepub.com

Datos de catalogación en publicación
de la Biblioteca del Congreso
ISBN 978-1-5158-4650-5 (hardcover)
ISBN 978-1-5158-6089-1 (paperback)

Para empezar, yo NO me llamo Bebé Oso. Me llamo Sam. Y no soy tan pequeño ni tan delicado como la gente piensa.

¿Y Ricitos? Desde que se metió en mi casa, es una de mis mejores amigas. Es cierto que Ricitos se mete en líos, pero no es mala persona, por lo menos no es peor que yo. Déjame que te cuente la VERDADERA historia y ya verás.

Todo empezó un día que protesté por mi desayuno.
—¿OTRA VEZ avena? —dije.

Lo siguiente que recuerdo es que todos salimos
por la puerta para dar un paseo. Mi papá (también
conocido como Papá Oso) gruñó algo así como:
—Se la comerá cuando tenga hambre.

Al principio, yo iba detrás.

—¡Camina donde yo te pueda ver, Bebé Oso! —dijo
mi mamá (también conocida como Mamá Osa).

Corrí y los adelanté.

—¡No tan rápido, Bebé Oso! —dijo mi papá.

Pegué un pisotón. —¡Me llamo SAM! —. Después
me metí en el bosque y tomé mi atajo secreto
para volver a casa.

Cuando llegué a mi casa, oí una voz. ¡Había alguien adentro!

No sabía qué hacer. ¿Debía volver con mi mamá y papá y pedirles ayuda? ¿O debería espantar al intruso?

BEBÉ OSO habría salido corriendo. Pero Sam, no.

Me asomé por la ventana de la cocina. ¡Había una niña tomando fotos con su celular!

—¡Ja! Esto le enseñará a Caperucita Roja a no retarme —murmuró—. ¡Ricitos nunca pierde un reto!

Ricitos hizo una pausa al ver los tazones de avena.
—¡Eh! — dijo.

Ya me cae bien.

Ricitos se tomó una foto
en la silla de mi papá…

Y, después, en la de mi mamá.

—¿Quieres una prueba,
señorita Caperucita? —
dijo—. ¡Aquí la tienes!

Después se tomó una foto en mi silla. Cuando
se levantó, se le había quedado atorada
en el trasero. Intentó caminar. Intentó saltar.
Por fin, le dio un buen golpe y consiguió sacar
la silla… en varios pedazos.

—¡Uy! —dijo—. ¡Me quedé sin la paga semanal!

¿Ves? Ella pensaba pagar por los daños.
A mí en realidad no me importaba porque
la silla era demasiado pequeña para mí.

Ricitos subió al otro piso y se quitó los zapatos (lo que fue muy considerado) y se hizo un video saltando en la cama de mi papá. Y en la de mi mamá.

—¡No creo que esté haciendo esto! —rio.

El caso es que en mi casa NO está permitido saltar en la cama. Esta era mi única oportunidad para hacerlo. Di un golpecito en la ventana.

—¡AY!

—gritó Ricitos.

—Déjame entrar —rogué—. ¡No se lo diré a nadie!

Ricitos abrió la ventana y nos presentamos.
Se disculpó por meterse en mi casa.
Fuimos muy educados.

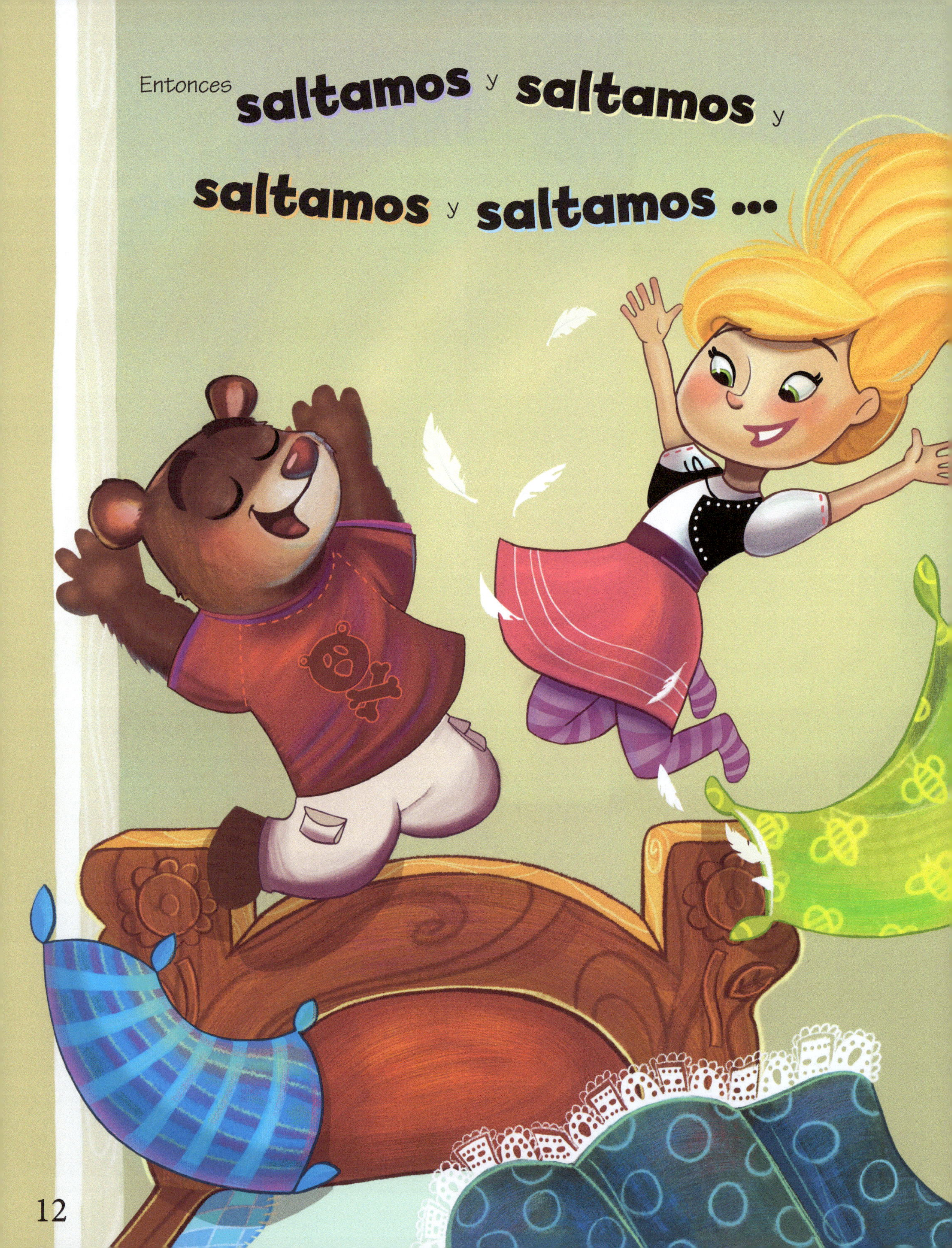

Entonces saltamos y saltamos y saltamos y saltamos ...

Hasta que oímos a mi mamá que llamaba desde el bosque. —Bebé Osooooo, ¿dónde estás?

Ricitos levantó una ceja. —¿Bebé Oso? —preguntó—. ¿De verdad?

—Sí, bueno, es que… —dije—. Tengo un plan…

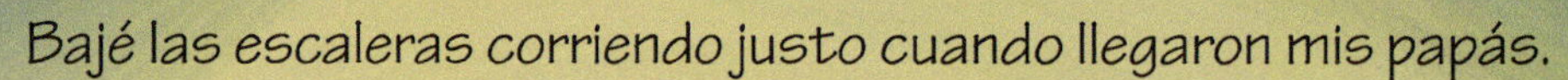

Bajé las escaleras corriendo justo cuando llegaron mis papás.

—¡Bebé Oso! —exclamó mamá—. ¡Menos mal que estás bien!

—¡Hay una intrusa en el piso de arriba! —dije.

—No está bien decir mentiras —dijo papá.

Se sentaron a comer la avena, que estaba fría y seca.

Les mostré mi silla rota. —¿Ven? ¡La intrusa hizo esto!

—¡Eso está muy mal! —dijo papá—. Rompiste
una silla para llamar la atención.

—¡Pero yo vi que fue ELLA! —insistí—. ¡Vengan!

Los llevé al piso de arriba y les mostré las camas
con las colchas pisoteadas.

—Bebé Oso, ¡sabes que no se puede saltar en la cama!
—me regañó mamá.

—Pero fue la intrusa… —dije llevándolos
a mi habitación.

Y en cuanto
nos acercamos a mi cama…

—¡BUU!

—gritó Ricitos.

Lo que pasó después fue graciosísimo.

—**¡Corre!** —gritó papá.

—**¡A nuestro escondite seguro!** —chilló mamá—.
Si no lo logramos, ¡los quiero con todo mi corazón!

Me aseguré de que vieran cómo perseguía
a Ricitos por el bosque. Entre sus gritos falsos
y mis gruñidos de mentira, intercambiamos
nuestros números de teléfono.

Mamá y papá estaban tan impresionados por mi valentía
que me dieron todo lo que les pedí: una silla más grande,
burritos picantes para el desayuno en lugar de avena
y la promesa de que nunca más me llamarían Bebé Oso.

Solo hubo una cosa que no conseguí.

—¿Puedo saltar en la cama? ¿Solo de vez en cuando?
—pregunté.

—NO —dijeron mis papás—. ABSOLUTAMENTE NO.

Bueno, por lo menos lo intenté.

Piensa

Lee la versión clásica de *Ricitos de Oro y los tres osos* y compárala con la versión de Sam. ¿Qué ocurre en este cuento que también pasó en el cuento clásico? ¿Qué ocurre en este cuento que no pasó en el cuento clásico?

Casi todas las versiones de *Ricitos de Oro y los tres osos* suelen estar contadas desde el punto de vista de un narrador invisible. Pero esta versión está contada desde el punto de vista de Bebé Oso. ¿Qué punto de vista crees que es más cierto? ¿Por qué?

¿Cómo cambiaría el cuento si se contara desde el punto de vista de otro personaje? ¿Cómo contaría la historia Mamá Osa? ¿Papá Oso? ¿Ricitos de Oro?

Sam cree que Ricitos es buena persona, aunque se metiera en su casa. ¿Estás de acuerdo? ¿Por qué?

¿Qué crees que habría pasado si Sam hubiera vuelto con sus papás en lugar de ver lo que estaba haciendo Ricitos?

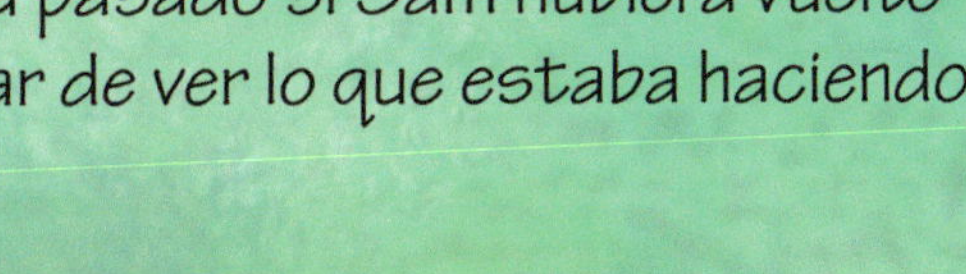

Glosario

narrador—persona que cuenta el cuento

personaje—persona, animal o criatura de un cuento

punto de vista—una manera de ver algo

versión—algo contado desde un punto de vista determinado

Busca todos los libros de esta serie:

Créeme, ¡Ricitos es genial!

Honestamente, ¡Caperucita Roja era muy vanidosa!

De veras, ¡Cenicienta es bien pesada!

En serio, ¡Juan y sus frijoles son unos horrores!